Angelika Kipp

OSTERN
wird's bunt!

Fenster-
bilder
aus Ton-
karton

frechverlag

Ein Mittagsschläfchen

(Abbildung Seite 1)

MOTIVHÖHE
CA. 35 CM

Ein kleines Nickerchen kann nicht schaden, bevor die restlichen Eier verteilt werden.

Zeichnen Sie das Gesicht und alle gepunkteten Linien (s. Vorlagenbogen) auf und fixieren Sie die Innenohrteile.

Das Hasenmädchen trägt ein geflicktes Kleid mit einem weißen Kragen. Bevor Sie den Kragen aufsetzen, fixieren Sie den rechten Arm.

Die bunt gemusterten Ostereier werden aufeinander auf die Wiese gelegt. Das müde Hasenmädchen schläft auf den Eiern.

Die Blüten der Tulpen werden aus einem Stück Regenbogen-Fotokarton geschnitten. Auf der Wiese blühen einige kleine Blümchen. Der Flicken wurde aus einem Tonpapier mit Flickenmusteraufdruck geschnitten.

Folgende Papiere wurden für die Ostereier verwendet: Regenbogen-Fotokarton, einfarbiger Fotokarton, Fotokarton mit Punkten.

Hoffentlich hat der Osterhase beim Verteilen der bunten Eier niemanden vergessen!

Zeichnungen: Berthold Kipp
Fotos: frechverlag GmbH + Co. Druck KG, 70499 Stuttgart;
     Fotostudio Ullrich & Co., Renningen

Dieses Buch enthält:
2 Vorlagenbogen

| Auflage: | 5. | 4. | 3. | 2. | 1. | Letzte Zahlen |
| Jahr: | 2005 | 2004 | 2003 | 2002 | 2001 | maßgebend |

© 2000

frechverlag GmbH + Co. Druck KG, 70499 Stuttgart

ISBN 3-7724-2724-3 · Best.-Nr. 2724   Druck: frechverlag GmbH + Co. Druck KG, 70499 Stuttgart

OSTERN
wird's bunt!

Wenn die Sonnenstrahlen die Erde wärmen und die Natur zum Leben erweckt wird, tauchen die ersten Farben auf und alles sieht gleich bunter und fröhlicher aus. In der bisher grauen Landschaft wachsen Frühlingsblumen, die ihre Köpfchen der Sonne entgegenrecken.

Auf den Weiden springen die ersten Lämmer voller Bewegungs- und Tatendrang durch das frische Grün und man kann den Entennachwuchs bewundern, der fröhlich über die Wiese watschelt. Eine Ente stibitzt Tulpen aus Nachbars Garten, doch Eierdiebe haben jetzt nichts zu lachen: ihnen werden die Hasenohren lang gezogen! Der Osterhase gibt eine große Eierbestellung bei Henne Berta auf, damit früh mit der Eierproduktion begonnen werden kann. Der Osterhasennachwuchs geht nicht sehr vorsichtig mit den bunt gefärbten Eiern um: selbst zum Fußball spielen werden sie benutzt! Voll aus dem Häuschen ist eine kleine Maus, die ein Riesenosterei entdeckt hat. Hoffentlich passt es in das Mauseloch hinein. Ostern ist also nicht nur sehr bunt, sondern es ist auch echt was los!

Für diese lustigen Ostermotive habe ich einige mit verschiedenen Mustern bedruckte Papiere, die teilweise neu auf dem Bastelmarkt erschienen sind, verwendet. Dadurch werden die Motive noch bunter und fröhlicher! Das Basteln von Fensterbildern wird so zu einem noch größeren Vergnügen!

Ich wünsche Ihnen eine schöne Frühlings- und Osterzeit.

Ihre *Angelika Kipp*

Material & Werkzeug

- Fotokarton in verschiedenen Farben
- Fotokarton mit aufgedruckten bunten Punkten oder Blumen
- Fotokarton mit aufgedruckten bunten Quadraten oder Herzen
- Fotokarton mit aufgedruckten weißen Punkten
- Tonpapier mit aufgedruckten bunten Flicken
- Regenbogen-Fotokarton
- Ausgestanzte Tonkarton-Buchstaben
- Transparentpapier
- Dünne Pappe
- Schwarzer und roter Filzstift
- Bleistift
- Anspitzer
- Weicher Radiergummi
- Lineal
- Evtl. Kreisschablone
- Klebeband
- Locher
- Nähnadel
- Bastelmesser (Cutter) mit geeigneter Schneideunterlage
- Schere
- Klebstoff, z.B. UHU Alleskleber oder UHU extra
- Faden zum Aufhängen

Tipps & Tricks

Gestaltung des Motivs von der Vorder- und Rückseite

Ein frei hängendes Fensterbild sollte sowohl von der Vorder- als auch von der Rückseite gearbeitet werden. Hierzu benötigen Sie die meisten Teile in doppelter Ausführung. Die Teile werden nur spiegelbildlich, aber in der gleichen Reihenfolge wie auf der Vorderseite angeordnet.

Deckungsgleiches Aufmalen und Kleben

Die Rückseite sollte absolut deckungsgleich zur Vorderseite bemalt und beklebt werden, da heller Fotokarton durchscheint. Stellen Sie dazu die Vorderseite des Motivs komplett zusammen, dann drücken Sie die Bastelarbeit bei Tageslicht mit der bereits fertigen Seite gegen eine Fensterscheibe. So scheinen alle Kanten und Linien durch – diese Teile werden auf der Rückseite deckungsgleich bemalt bzw. aufgeklebt.

Aufhängung

Es gibt verschiedene Möglichkeiten ein Fensterbild aufzuhängen. Sie können zwischen dem altbewährten Faden oder einem Klebeband wählen.
Wenn Sie mit einem Faden arbeiten wollen, balancieren Sie das Motiv zwischen Daumen und Zeigefinger aus, bis Sie die richtige Stelle gefunden haben. Mit einer Nadel stechen Sie dann einige Millimeter vom Rand entfernt in den Fotokarton und ziehen den Faden durch. Je größer das Motiv ist, umso eher sollten Sie mit zwei Fäden arbeiten.

Motivhöhe

Damit Sie sich vorstellen können, wie groß das fertige Fensterbild ist, ist bei jeder Anleitung die Höhe des Motivs angegeben.

Schritt für Schritt erklärt

1 Legen Sie Transparentpapier auf das ausgewählte Motiv auf dem Vorlagenbogen und übertragen Sie mit einem Bleistift alle benötigten Einzelteile ohne Überschneidungen.

2 Kleben Sie das Transparentpapier mit den Zeichnungen auf eine dünne Pappe und schneiden Sie die Einzelteile sauber heraus. Fertig sind die Schablonen!
Mithilfe dieser Schablonen arbeiten Sie die benötigten Motivteile, indem Sie sie einfach auf Fotokarton der gewünschten Farbe legen, mit einem Bleistift umfahren und dann die einzelnen Teile ausschneiden.

3 Für das Aufzeichnen der Gesichter und der Innenlinien benötigen Sie einen schwarzen und ggf. einen roten Filzstift. Fügen Sie die Einzelteile nach dem Bemalen zum Motiv zusammen – das Foto und die Vorlage geben Ihnen hierfür Positionierungshilfen.

Wir genießen die Frühlingssonne!

MOTIVHÖHEN:
ENTE MIT BUNTEN EIERN CA. 29,5 CM
ENTE MIT BLUME CA. 29 CM

Wenn die Frühlingssonne am Himmel steht, genießen die beiden Enten-damen ihre wärmenden Strahlen.

Zeichnen Sie bei beiden Tieren die Augen und alle gepunkteten Linien (s. Vorlagenbogen) auf. Die Enten erhalten ihre Schnäbel und werden auf der jeweiligen Grünfläche platziert.

Ente mit bunten Eiern

Diese Ente trägt einen zweiteiligen Hut, der von einem zweiteiligen Schleifenband aus Regenbogen-Fotokarton gehalten wird.
Legen Sie zwei gepunktete Eier auf die Grasfläche.

Ente mit Blume

Der Hut dieser Entendame wird von hinten an das Kopfteil geklebt. Ein Schleifenband mit aufgesetzter Blüte ziert den Kopfschmuck.
Eine zweiteilige Schleife aus Regenbogen-Fotokarton wird um den Entenhals gebunden.
Die dreiteilige Blume reckt ihr Köpfchen der Frühlingssonne entgegen.

So schöne Ostereier!

MOTIVHÖHEN:
JEWEILS CA. 38 CM

Wer hat das schönere Osterei bemalt: das Hasenmädchen Trine oder der Hasenjunge Carlo?

Zeichnen Sie die Hasengesichter und alle gepunkteten Linien (s. Vorlagenbogen) auf. Beide Hasen erhalten ihr jeweiliges Innenohrteil.

Hasenmädchen

Das Hasenmädchen trägt sein Lieblingskleid mit dem aufgedruckten Herzchenmuster und dem gelben Ärmelteil. Die linke Pfote wird unter dem Ärmel fixiert. Ein weißer Kragen schmückt das Kleidchen.

Hasenjunge

Der Hasenjunge trägt eine bunt gemus-
terte Hose mit einem roten Hemd. Die
Pfote wird unter den schwarz umrandeten
Ärmel gesetzt.

Jedes Hasenkind erhält seine Beinchen.
In einer Pfote balancieren die Hop-
pelmänner ihre bunt gefärbten Ostereier
aus Regenbogen-Fotokarton. Sie laufen
über eine Wiese, auf der Osterglocken
und Gänseblümchen blühen.
Bei den Gänseblümchen wird der weiße
Kreis in gleichmäßigen Abständen zur
Mitte hin eingeschnitten, damit viele
Blütenblätter entstehen.

Und welches Ei ist jetzt das schönste?

Möhrenairline

*Mit der Möhren-Airline legt der Oster-
hase große Strecken zurück. Die Hennen sind seine treuen Wegbegleiterin-
nen.*

Zeichnen Sie die Gesichter des Hasen
und der Hühner sowie alle gepunkteten
Linien (s. Vorlagenbogen) auf.
Das lustige Flugzeug wird aus seinen
Einzelteilen zusammengesetzt. Für
die Flügel wurde Regenbogen-
Fotokarton
verwendet.

Der Osterhase erhält das Innenohrteil
und die zweiteilige, gepunktete Kappe.
Setzen Sie den Piloten in das Flugzeug
und ergänzen Sie den schwarz umrandeten Arm sowie den zweiteiligen Schal.
Die Hennen erhalten jeweils die roten
Hautlappen, den Schnabel, den Kamm
und die Krallen.

*Tag und Nacht begleiten sie den Oster-
hasen auf seiner Tour.*

Über den Wolken ...

MOTIVHÖHE CA. 39 CM

Mit dem Möhren-Fallschirm gleitet der Osterhase hinunter zur Erde.

Zuerst werden die Gesichter des Hasen und der Hühner sowie alle gepunkteten Linien (s. Vorlagenbogen) aufgezeichnet. Fügen Sie die Kleidungsstücke des Hasen wie auf dem Foto zusammen. Die Hose besteht aus mit Punkten bedrucktem Fotokarton. Die Füße und die Arme werden von hinten, das Gesicht mit den aufgeklebten Innenohrteilen und den Zähnen wird von vorne ergänzt.

Der Fallschirm erhält die Flicken und das gelbe Mittelteil. Die Flicken werden aus Tonpapier mit aufgedrucktem Flickenmuster geschnitten oder können aus einfarbigem Fotokarton hergestellt werden.
Hängen Sie die zweiteilige Möhre an den Schirm. Der Hase wird auf die Möhre und den Fallschirm geklebt. Mit den Händen hält er sich am Schirm fest.

Zwei Hennen mit aufgesetzten Kämmen, Schnäbeln, Hautlappen und Krallen begleiten den Hasen bei seinem Gleitflug nach unten.

Ich bin Hase Oscar

Dieser wohlgenährte Osterhase hat bestimmt zu viele Schokoladeneier gegessen!

Zeichnen Sie zunächst sein Gesicht und alle gepunkteten Linien (s. Vorlagenbogen) auf.

Oscar trägt heute ein blaues geflicktes Hemd. Der Flicken wurde aus Tonpapier mit aufgedrucktem Flickenmuster herausgeschnitten. Die Hose und die Träger bestehen aus Regenbogen-Fotokarton. Die Träger werden mit gelben Knöpfen an der Hose befestigt. Nachdem Oscar seine Innenohrteile erhalten hat, kleben Sie den Kopf auf den Körper. Von hinten werden die Hände und die Füße aufgeklebt.

Ein gefüllter Osterkorb, auf dem sich ein dreiteiliger Vogel niedergelassen hat, steht neben dem Osterhasen auf der Wiese, auf der einige Frühlingsblumen blühen.

Ein Eier-Fußball

MOTIVHÖHE CA. 32 CM

Fleißig trainiert der Hasenjunge für die nächsten Meisterschaften im Eier-Fußball.

Um viele Tore zu schießen braucht der Hasenjunge sein Gesicht sowie alle gepunkteten Linien (s. Vorlagenbogen), die aufgemalt werden.
Der kleine Sportler trägt eine bunte Hose und ein rotes T-Shirt. Bevor

Sie ihm das gepunktete Tuch umbinden, fixieren Sie den linken Arm von vorn. Kleben Sie die Füße und das Schwänzchen von hinten, das Innenohrteil von vorne auf.
Ein Ei aus Regenbogen-Fotokarton dient als Fußball. Trainiert wird auf einer blumengeschmückten Wiese.

Mal sehen, wer diesmal Eier-Fußball-meister im Hasenland wird!

Im Watschelschritt voraus!

MOTIVHÖHE CA. 28,5 CM

Die jungen Küken nutzen jede Gelegenheit um gemeinsam mit den Geschwistern die Welt zu erkunden.

Jedes Küken benötigt dazu sein aufgemaltes Augenpaar und alle gepunkteten Linien (s. Vorlagenbogen).
Platzieren Sie von vorne die Schnäbel und Fußpaare und schon können die neugierigen Geschwister über die blumengeschmückte Wiese watscheln.

Es gibt ja so viel Neues zu entdecken!

Frohe Ostern!

MOTIVHÖHE CA. 31 CM

Hier wünscht Hase Hans höchstpersönlich allen Ihren Gästen „Frohe Ostern!".

Zeichnen Sie die Nase, die Augen und alle gepunkteten Linien (s. Vorlagenbogen) auf. Das weiße Augenteil, die Innenohrteile, der Haarschopf und das rote Mundteil mit den aufgesetzten Hasenzähnen werden am Kopf fixiert.

Hase Hans trägt einen Pullover aus Regenbogen-Fotokarton und eine geflickte Hose. Die Hasenfüße und die rechte Pfote werden von hinten fixiert. Das Kopfteil und die linke Pfote, die das gefüllte Osterkörbchen hält, werden von vorne auf dem Hasen platziert. Auf der grünen Wiese liegen einige bunte Eier und es wächst eine Frühlingsblume. Freundlich wünscht Hase Hans Ihnen allen „Frohe Ostern". Die Buchstaben sind bereits ausgestanzt im Fachhandel erhältlich. Auf der Titelseite des Buches sehen Sie eine Variante dieses Motivs. Statt der Schrift „Frohe Ostern" wurden einige Blumen aufgesetzt.

FROHE OSTERN

Marienkäfer lieben Blumen!

MOTIVHÖHE CA. 28 CM

*Marienkäfer sind
echte Blumenfans!*

Zeichnen Sie das
Käfergesicht und
alle gepunkteten
Linien (s. Vorlagen-
bogen) auf.
Nachdem die
Nase aufgeklebt
wurde, wird das
Gesicht auf das
Wuschelhaar
gesetzt.

Fixieren Sie die beiden zweiteiligen Füh-
ler. Der rechte Arm und die zweiteilige
Blume werden auf den Körper geklebt.
Erst dann wird der linke Arm ergänzt.
Das Fußteil samt Pantoffeln, der Hals
und das Flügelteil mit den Punkten
werden von hinten ergänzt. Das Kopfteil
wird von vorne aufgesetzt.

*Auf der blumen-
geschmückten
Wiese zeigt der
Marienkäfer
seine Lieblings-
tulpe.*

Auf dem Teich

MOTIVHÖHE CA. 20,5 CM

Mit Mama auf dem Teich – das macht Spaß und man fühlt sich ganz sicher!

Zeichnen Sie die Augen, die Nasenlöcher und alle gepunkteten Linien (s. Vorlagenbogen) auf. Mutter und Kind benötigen jeweils ihren Schnabel und den Haarschopf. Setzen Sie die beiden ins Wasser.
Wasserpflanzen und Gräser wachsen am Teichufer.

Hoffentlich sieht's der Nachbar nicht!

MOTIVHÖHE CA. 26 CM

Diese kleine Ente liebt Tulpen – besonders die in Nachbars Garten!

Malen Sie dem kleinen Blumendieb sein Auge und alle gepunkteten Linien (s. Vorlagenbogen) auf. Der Schnabel, der Flügel aus mit Punkten bedrucktem Fotokarton und das Fußpaar werden von vorne aufgeklebt.

Fügen Sie die beiden jeweils zweiteiligen Tulpen zusammen. Die rote Tulpe mit etwas Grün wird von vorn am Entenschnabel platziert, der Stängel von hinten. Auf der Wiese liegt eine gelbe Tulpe.

Was mag wohl der Nachbar sagen?

Ostereier-bestellung

MOTIVHÖHE CA. 35 CM

Gespannt nimmt Henne Berta die Osterbestellung für die Eier entgegen.

Zeichnen Sie die Gesichter und alle gepunkteten Linien (s. Vorlagenbogen) auf.

Henne Berta erhält die Hautlappen, den Schnabel, den Kamm, den Flügel und das Fußpaar.

Der Osterhase trägt eine geflickte kurze Hose und ein T-Shirt aus mit Herzchen bedrucktem Fotokarton. Die Flicken auf der Hose können aus mit Flicken bedrucktem oder einfarbigem Fotokarton ausgeschnitten werden. Der gelbe Ärmel wird zusammen mit dem Arm aufgeklebt. Das Innenohrteil wird von vorn, das Schwänzchen und die Bestellliste werden von hinten ergänzt.

Henne Berta nimmt die Bestellung auf der grünen Wiese, auf der eine Tulpe blüht, auf. Zwei gepunktete Eier hat der Osterhase dort bereits versteckt.

Und jetzt geht's ans Eier legen!

Ein Tänzchen im Frühling

MOTIVHÖHE CA. 28 CM

Hurra, es ist Frühling! Voller Freude über das schöne Osterwetter wagt das Hasenpärchen ein kleines Tänzchen.

Zeichnen Sie die Hasengesichter und alle gepunkteten Linien (s. Vorlagenbogen) auf und platzieren Sie zuerst die Innenohrteile. Das Hasenmädchen sieht im Kleid aus Herzchen-Fotokarton mit aufgesetztem weißen Kragen echt niedlich aus.

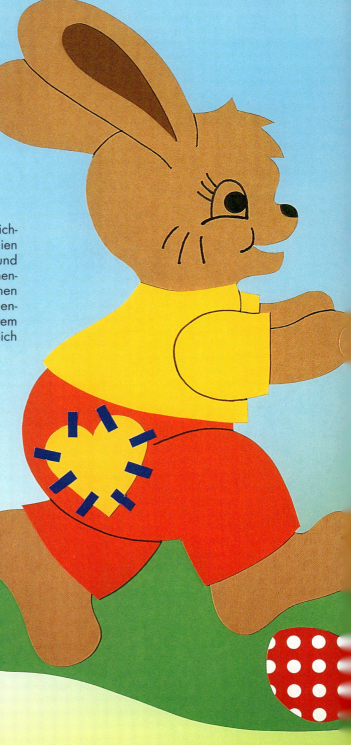

Der Hasenjunge trägt eine geflickte rote Hose mit einem gelben Hemd. Der Flicken wird aus einem Bogen Tonpapier mit aufgedrucktem Flickenmuster herausgeschnitten oder aus einfarbigem Fotokarton hergestellt.
Die Pfoten und Füße der beiden Tiere werden von hinten angeklebt.

Nun kann das Tanzpaar auf der Wiese, auf der bereits zwei gepunktete Eier liegen, seine Runden drehen.

Mäh, mäh!

MOTIVHÖHE CA. 27,5 CM

Übermütig springen die drei Schäfchen über die mit Blumen übersäte Wiese.

Malen Sie dem Trio die Gesichter auf und kleben Sie jeweils die Innenohrteile sowie das Fellbüschel auf den Kopf. Fixieren Sie bei allen Schäfchen das Fell und die Beine und schon können die Tiere ihrer Lebensfreude Ausdruck geben.
Die Wiese besteht aus mit Blumen bedrucktem Fotokarton.

Hallo, ist jemand zu Hause?

Zeichnen Sie den Tieren die Gesichter und alle gepunkteten Linien (s. Vorlagenbogen) auf. Zuerst wird das Vogelhäuschen aus den Einzelteilen zusammengebaut. Das Einflugloch besteht aus zwei Teilen. Im Vogelhäuschen sind drei bunte Ostereier versteckt. Befestigen Sie das Vogelhäuschen mit Ring und Schleifenband an einem Ast. Einige grüne Blättchen aus Regenbogen-Fotokarton wachsen in der Frühlingssonne. Ein dreiteiliger Vogel aus Regenbogen-Fotokarton hat sich auf der Stange niedergelassen.

Nanu, wer hat denn diese bunten Eier hier versteckt?

Neugierig schaut ein kleiner Osterhase, der sich mit den Pfötchen am Dach festhält, hinter dem Häuschen hervor. Er benötigt seine Innenohren.

Das ist eine echte Osterüberraschung!

Das macht Spaß!

MOTIVHÖHE CA. 25 CM

*So hoch über allem zu schweben
macht einfach einen Riesenspaß!*

Die beiden kühnen Flieger benötigen
ihre aufgemalten Gesichter sowie alle
gepunkteten Linien (s. Vorlagenbogen).

Der Hase erhält sein Augenteil, das
Innenohr und das Haarbüschel. Zur
farbigen Hose aus Regenbogen-Fotokarton trägt er ein buntes Hemd aus
mit Punkten bedrucktem Fotokarton. Der
linke Fuß wird von hinten an das Hosen-
bein geklebt.
Platzieren Sie den Hasen sowie seinen
rechten Fuß auf der Gans. Die Gans
erhält zuletzt ihren Schnabel.

*Wenn man schon gemeinsam
solche schönen Flugreisen erlebt hat,
geht man durch dick und dünn!*

Ein toller Fund!

MOTIVHÖHE CA. 27,5 CM

*Da staunt das Mäuschen, denn so ein
tolles Osterei hat es noch nie gesehen!*

Zeichnen Sie das Mäusegesicht und alle
gepunkteten Linien (s. Vorlagenbogen)
auf. Die Maus erhält das Augen- und
das Innenohrteil.
Das große Osterei wird mit weißen
Punkten beklebt. Überstehende
Punkte werden mit der Schere
an die Eiform angeglichen.

Fixieren Sie das glückliche Tier und seinen Schwanz hinter dem Ei, die Pfötchen darauf. Zwei schöne Tulpen aus Regenbogen-Fotokarton, die ebenfalls auf der grünen Wiese stehen, verschönern das Motiv.

Hoffentlich passt das Riesen-Ei durch das Mauseloch!

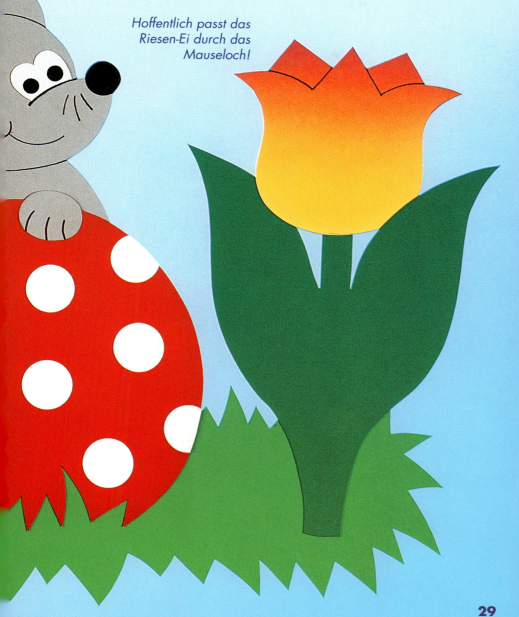

Mit den Eltern auf der grünen Wiese zu spielen, das findet der Hasennachwuchs einfach toll.

Zeichnen Sie alle Hasengesichter und gepunkteten Linien (s. Vorlagenbogen) auf. Jedes Familienmitglied erhält sein Innenohrteil.

Mutter mit Kind

Mutter Hase trägt ihr flickenbesetztes Kleid, das von einem gepunkteten Gürtel aus mit Punkten bedrucktem Fotokarton gehalten wird. Die Flicken können aus mit Flicken bedrucktem Tonpapier oder aus einfarbigem Fotokarton geschnitten werden. Ein weißer Kragen ziert das Kleidungsstück. Der Kopf, die Pfoten und die Füße werden von hinten aufgeklebt. Das jüngste Hasenkind trägt einen Anzug mit aufgesetzter Tasche und Kragen. Der Kopf, die Pfote, das Schwänzchen und die Füße werden von hinten fixiert. Das Hasenkind wird von seiner Mutter, die auf der blumengeschmückten Wiese steht, in die Luft geworfen.

Heute ist Familientag!

MOTIVHÖHEN:
MUTTER MIT KIND CA. 33 CM
VATER MIT KIND CA. 31,5 CM

Vater mit Kind

Zum Herumtollen hat Vater
Hase seinen geflickten Anzug
sowie einen Schal angezogen. Der
Flicken kann aus mit Flicken
bedrucktem Tonpapier oder
aus einfarbigem Fotokarton
geschnitten werden.
Der Kopf, das Schwänzchen
und die Füße werden von
hinten aufgeklebt.
Das Kind hat eine rote Hose
und ein gelbes Hemd an. Die
linke Pfote wird unter dem
schwarz umrandeten Ärmel, der
Fuß und das Schwänzchen werden unter der Hose fixiert. Kleben Sie den Ärmel samt Pfote
auf.
Erst wenn der Vater das Kind auf
dem Rücken trägt, wird der schwarz
umrandete, blaue Ärmel samt der
Pfote des Vaters aufgesetzt.
Nun geht es huckepack über die
blumengeschmückte Wiese.

*So ein Familientag
macht Groß und
Klein einen
Riesenspaß!*

Halt, du Eierdieb!

MOTIVHÖHE CA. 28,5 CM

Mit Eierdieben geht Herr Hahn nicht glimpflich um: Ihnen werden die Ohren lang gezogen.

Beide Tiere benötigen ihr aufgemaltes Gesicht sowie alle gepunkteten Linien (s. Vorlagenbogen), die aufgezeichnet werden.
Der Hahn wird aus Regenbogen-Fotokarton gearbeitet. Nur der Schnabel, der Kamm, der Hautlappen und die Krallen werden aus einfarbigem Fotokarton geschnitten. Die Krallen, der Schnabel und der Hautlappen werden von vorne, der Kamm wird von hinten platziert.

Der kleine langohrige Dieb erhält seine Innenohrteile und das Ei samt Pfote von vorne. Das Schwänzchen wird von hinten fixiert.
Der Herr des Hühnerhofes hält den Eierdieb zwischen den rechten Flügelteilen aus Regenbogen-Fotokarton an den Ohren fest.
Auf der Wiese liegen zwischen den zweiteiligen Schneeglöckchen zwei bunte Eier.

Vielleicht kommt der kleine Dieb nur mit lang gezogenen Ohren gerade noch davon!

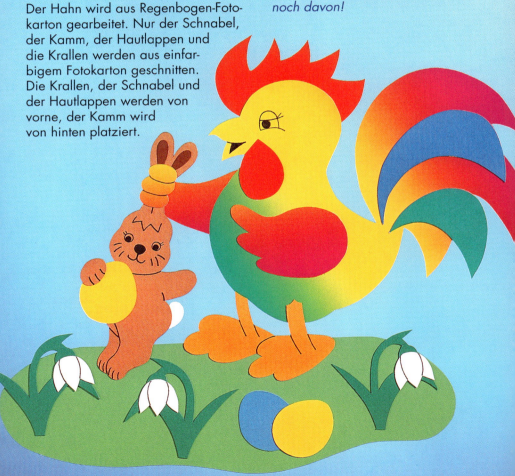